AF463313

S

# ABRÉGÉ

DE

# L'HISTOIRE GÉNÉRALE

des

# BRYOZOAIRES

PAR O. LESÈBLE.

TOURS

IMPRIMERIE LADEVÈZE.

1858.

A mon bon Père,

Au moment de livrer au public un premier travail, la crainte me saisit et me pousse à chercher un soutien. La pensée de celui qui a toujours fait ma force, qui m'a inspiré le goût de l'étude des sciences naturelles se présente à mon cœur. Permets donc que j'inscrive ton nom en tête de cette étude qui n'a d'autre mérite que celui d'avoir été faite avec cette conscience que j'ai apprise de toi.

O. Lesèble.

# ABRÉGÉ

DE

# L'HISTOIRE GÉNÉRALE

des

# BRYOZOAIRES

---

Je me livrais avec assiduité, depuis deux ans déjà, à la recherche des restes fossiles d'animaux qui caractérisent notre étage tertiaire de Touraine, lorsque l'abondance et la diversité des Bryozoaires qui s'y trouvent fixèrent mon attention, et me firent concevoir la pensée d'étudier ces petits êtres que l'on avait, pendant tant de temps, confondus avec les Coralliaires. Cette étude me fut singulièrement facilitée par une amitié bien précieuse (1) à laquelle j'ai dû une partie des

(1) Celle de Jules Haime, ce jeune savant que les sciences naturelles viennent de perdre, dont le nom est connu de tous ceux qui s'occupent de l'étude des animaux inférieurs et qui a laissé un grand nombre de travaux parmi lesquels je citerai : ses *Recherches sur les Polypiers* et sa *Monographie des Polypiers des terrains paléozoïques*, ouvrages dans lesquels il a été le collaborateur de M. Milne-Edwards. En outre, il a publié en commun avec M. le vicomte d'Archiac de Saint-Simon, une *Description des animaux fossiles du groupe nummulitique de l'Inde*, et a donné peu de temps avant sa mort une *Monographie des Bryozoaires jurassiques*, qui est un véritable modèle. Son nom se représentera du reste plusieurs fois dans le cours de ce travail où j'aurai à citer des observations qui lui sont personnelles.

notions que j'ai pu acquérir sur la structure de ces animaux, notions que j'ai complétées par de nombreuses recherches et que je vais tenter de reproduire aussi brièvement que possible.

## HISTORIQUE.

Les Bryozoaires ont été bien longtemps mal connus et classés avec les Coralliaires, tantôt parmi les végétaux, tantôt parmi les animaux. M. Milne-Edwards, dans ses excellents mémoires sur les polypes, dit que les caractères de l'animalité ont été reconnus dans l'*Escharre Cervicorne* par Ferrante Imperato, et ce dès les dernières années du seizième siècle (1). J'ai en vain feuilleté la seconde édition de l'histoire naturelle de cet auteur pour y retrouver cette indication. Le savant napolitain, dans le chapitre troisième de son livre vingt-septième, où il traite des *Pores* et de leurs différences, prétend que ces derniers sont des végétaux d'une substance voisine du corail : *li pori sono vegetali di sustanza a corallo propinqua*. Quant à l'espèce qu'il nomme *Poro simile a corno di cervo*, il en donne une description très-incomplète, sans parler de sa nature animale ou végétale, et figure une *Escharre* qui paraît être celle que Pallas a appelée *Fascialis* (2). Il est vrai qu'il considère les tubes de la *Tubulaire musique* comme formés par une concrétion produite par des animaux marins comme le sont les alvéoles d'une ruche par les abeilles (3).

Le comte de Marsigli crut voir, dans les tentacules épanouis

(1) *Recherches anatomiques, physiologiques et zoologiques sur les Escharres*, p. 2.

(2) Pallas. *Elenchus zoophytorum*, p. 42, n° 9. — La Haye 1766.

(3) *Historia naturale di Ferrante Imperato*, p. 624, 625 et 630. Impressione seconda. Venetia 1672.

de l'animal du corail, les pétales d'une fleur, et n'hésita pas à ranger ce dernier et tous les zoophytes qui lui ressemblent plus ou moins parmi les végétaux (1). A la même époque ou à peu près, 1725, un observateur beaucoup plus habile, Peyssonnel reconnut l'animalité du corail sur les côtes de Barbarie et s'empressa de faire part de sa découverte à Réaumur, lequel, tant le fait lui parut monstrueux, ne communiqua cette opinion à l'Académie des sciences que deux ans après, et encore ne voulut-il pas nommer l'auteur par égard pour sa réputation. Peyssonnel, alors à la Guadeloupe, fort de sa conviction et désireux de la faire partager, envoya à la société des sciences de Londres, un manuscrit contenant sa découverte. M. Guillaume Watson en lut l'analyse à une séance de cette société, le 7 mai 1752, analyse qui a été insérée dans les *Transactions Philosophiques* et traduite en français par un auteur inconnu en l'année 1756 (2).

Vivement impressionnés par les études dont les zoophytes étaient l'objet, Réaumur et Bernard de Jussieu avaient conçu la pensée de donner une solution à la grave question de savoir si ces êtres appartenaient au domaine de la zoologie ou à celui de la botanique. Ils firent de concert quelques observations, et Réaumur le premier leur appliqua le nom de Polypes,

(1) *Histoire physique de la mer*, Amsterdam 1725.

(2) Le manuscrit original de Peyssonnel appartient aujourd'hui à la bibliothèque du muséum de Paris, il est daté de 1744 et a pour titre : *Traité du corail, contenant les nouvelles découvertes qu'on a faites sur le corail, les pores, madrépores, scharras, litophytons, esponges et autres corps et productions que la mer fournit, pour servir à l'histoire naturelle de la mer, par le sieur Peyssonnel, escuyer, docteur en médecine, correspondant des académies Royales des Sciences de Paris et de Montpellier, et de celle des Belles-Lettres de Marseille, médecin botaniste entretenu par sa majesté dans l'île Guadeloupe, cy-devant envoyé par le roy aux côtes de Barbarie, pour les recherches de l'histoire naturelle.* M. Flourens avait commencé l'analyse de ce manuscrit dans le *Journal des savants* de l'année 1838.

*parce que*, dit-il, *leurs cornes sont analogues aux bras de l'animal de mer qui est en possession de ce nom.* (1).

Enfin, en 1741, Bernard de Jussieu se décida à se rendre sur les côtes de Normandie, accompagné de Blot, et bien armé pour des recherches microscopiques. Il rendit compte de cette course scientifique et des conclusions qu'il avait tirées de ses observations dans une séance de l'Académie des sciences en 1742 (2).

Vers la même époque, un observateur remarquablement judicieux publiait ses merveilleuses recherches sur les polypes et établissait que les êtres dont il s'est occupé étaient bien des animaux (3). Cet observateur est connu de tous les naturalistes; tous ont lu les mémoires si instructifs de Trembley et ont admiré, comme je l'ai fait moi-même, la patience avec laquelle il a tant et si bien observé que, plus d'un siècle après lui, la science n'a rien à corriger dans ce qu'il a dit des hydres d'eau douce.

Voilà donc les Bryozoaires, toujours confondus avec les Coralliaires, mais bien et dûment installés dans le règne animal, et, depuis le milieu du siècle dernier, on ne trouve plus, chez aucun naturaliste sérieux, de doute sur leur nature. Mais, de là à la connaissance un peu étendue de ces animaux, il y a un intervalle considérable à franchir. Nous voyons, en effet, tous les savants, même les plus distingués, les confondre encore avec les Coralliaires sous ce nom de Polype créé par Réaumur. Ainsi Trembley, Baker, Roësel, Ledermuller, Ellis, Pallas, Ot. Fred. Muller, Blumembach, Linné, Gmelin, Bruguières, Lamarck, Cuvier et tant d'autres dont l'énumération serait trop longue ignorent tous de combien ces animaux sont supérieurs aux autres rayonnés. Tous s'occupèrent

(1) Réaumur, *Mémoires pour servir à l'histoire naturelle des insectes*, t. VI préface, 1734-1742.

(2) *Mémoires de l'académie des sciences*, 1742.

(3) Trembley, *Mémoires pour servir à l'histoire d'un genre de polypes d'eau douce à bras en forme de cornes*, Leyde 1744.

surtout de leurs *testiers*, et en raison de la disposition de ce dernier, les classèrent plus ou moins heureusement. Trembley, seul, avait reconnu, chez le *polype à panaches*, un tube digestif compliqué, mais tous ses soins n'ont pu lui en faire découvrir l'orifice postérieur.

Lamouroux, le premier, semble avoir reconnu la structure complexe de certains Polypes; *Les animaux de cette classe que j'ai observés*, dit-il, *me confirment de plus en plus dans l'opinion que j'ai émise en* 1810 *et* 1812 *à l'académie royale des sciences de Paris et que d'autres ont répétée depuis. J'ai dit, alors, que les polypes à polypiers ne pouvaient en aucune manière se comparer aux hydres d'eau douce, sous le rapport de l'organisation; qu'ils étaient plus voisins qu'on ne le pensait de la nombreuse famille des mollusques, et, qu'avec le temps on en ferait peut-être une division de cette grande classe. Les nouvelles observations que les circonstances m'ont permis de faire me confirment dans cette idée; et je ne doute plus que les animaux des polypiers ne soient des êtres aussi compliqués dans leur organisation que les mollusques ascidiens* (1). Malheureusement le savant professeur de Caen ne put étendre suffisamment ses observations et il attribua, ainsi qu'on le voit, une organisation très-complexe, non-seulement aux Bryozoaires, mais encore à de véritables Coralliaires; aussi trouve-t-on les uns mêlés parmi les autres dans son grand travail général.

Un naturaliste allemand, Schweigger, reconnut, chez quelques polypes, la présence de deux orifices au tube digestif; comprenant toute l'importance de ce fait, il s'en servit pour faire, dans la classification de ces animaux, deux coupes principales qu'il a nommées : *zoophyta monohila*, et *zoophyta heterohila* (2). L'état peu avancé de la science ne lui permit

(1) Lamouroux, *Exposition méthodique des genres de l'ordre des polypiers*, préface, p. VII, Paris 1821.

(2) Schweigger, *Handbuch des Naturgeschichte*, 1820.

pas de faire une heureuse application de cette base, ni d'en tirer les conséquences nécessaires.

C'est à notre illustre compatriote, M. Milne-Edwards, que revient la gloire de la première observation sérieuse sur l'organisme de ces animaux. C'est, lors de son voyage fait en commun avec Audouin, sur le littoral de la France, pendant son séjour aux îles Chaussey, qu'il fut à même de les étudier (1). Il communiqua ses recherches à l'Académie des sciences en l'année 1828 (2), et ces dernières, jointes à celles publiées l'année précédente à Édimbourg par M. Grant (3), ouvrirent enfin les yeux sur la structure anatomique des genres *Escharre* et *Flustre*. Toutefois les Bryozoaires sont encore loin d'être séparés des polypes proprement dits, et leurs genres divers sont ballottés parmi ces derniers, sans que personne songe à en faire une classe distincte. En 1834 seulement M. Ehrenberg a fait deux coupes dans la classe des polypes, et dans sa première il rassemble les rayonnés dont le tube digestif est muni de deux orifices bien distincts sous le nom de Bryozoaires, Bryozoa (4). On verra plus tard que, quelque important que soit ce caractère, il n'est pas le seul qui sépare nettement les Bryozoaires des polypes et que, comme l'avait pensé Lamouroux, ils sont beaucoup plus voisins des derniers mollusques que des premiers Coralliaires. Cette opinion est du reste celle de presque tous les naturalistes modernes et on s'accorde généralement à les classer dans l'embranchement des mollusques, à la suite des Tuniciers, avec lesquels ils ont une très-grande analogie.

Dans cet historique succinct, j'ai cru devoir, tout en disant les points principaux de l'histoire des Bryozoaires, omettre à

(1) Audouin et Milne-Edwards, *Recherches pour servir à l'histoire naturelle du littoral de la France*, t. I, p. 73, Paris 1832.

(2) Séance du 6 octobre 1828.

(3) Grant, *Observations on the structure and nature of Flustræ*, Edinburgh, *New philosophical journal*, vol. 3, p. 107, 1827.

(4) Βρύον, mousse, Ζῶον, animal.

dessein les observations, importantes d'ailleurs, de plusieurs savants, parce qu'elles avaient surtout trait aux polypes. Je vais maintenant tenter d'exposer aussi complètement et aussi brièvement qu'il me sera possible, ce que sont ces petits êtres, et quels sont les principaux travaux dont leur structure a été l'objet. Enfin je me propose de parler des classifications qu'on a tentées et qui, encore aujourd'hui, ne sont et ne peuvent être que des ébauches plus ou moins méritantes.

## DÉFINITION.

Les Bryozoaires, tels que nous les connaissons actuellement, sont des animaux très-petits, vivant dans l'eau, agrégés, ayant un tube digestif complet, muni de deux orifices toujours rapprochés mais bien distincts. Leur bouche est entourée de tentacules plus ou moins nombreux, rayonnants ou disposés en forme de fer à cheval, plus ou moins allongés, mais toujours munis de cils vibratiles qui déterminent un courant dans l'eau où ils sont plongés. Chez plusieurs on a constaté l'existence d'un système nerveux ganglionnaire ayant son centre derrière l'œsophage, et des recherches ultérieures le feront probablement reconnaître chez tous les animaux de cette classe. Ils ont un manteau analogue à celui des mollusques, à cette différence près que c'est dans l'intérieur même de ce dernier que se déposent les substances charnues, cornées, membraneuses ou calcaires destinées à protéger leur organisme délicat. La réunion de ces êtres entre eux forme des testiers, parfois très volumineux, qui sont lamelleux, rampants, phytoïdes ou en masses conglomérées. Ils n'ont point de sang proprement dit ni de vaisseaux pour la circulation du liquide qui leur en tient lieu. Leur reproduction a lieu par œufs et par bourgeonnement. Enfin on a observé chez un certain nombre d'entre eux la présence d'organes particuliers de la génération auxquels on a donné les noms d'*ovisacs* et de *spermatophores*.

## TESTIER.

La peau qui recouvre et abrite tous les animaux de la classe des Bryozoaires, et que je comparais tout à l'heure au manteau des mollusques, est toujours continue avec le tube digestif. Ce dernier semble n'être qu'un repli formé par elle, comme celui qu'on obtiendrait avec un doigt de gant dont on ferait rentrer l'extrémité dans son intérieur. Dans un très-grand nombre de cas elle se ferme inférieurement de manière à former un habitacle particulier et complet pour l'animal auquel elle appartient; de telle sorte que cette petite loge permette à son habitant une vie en quelque sorte indépendante de celle de ceux qui habitent les cellules voisines auxquelles elle est accolée. Je ne citerai pas d'exemple de cette disposition parce qu'elle est la plus générale. D'autres fois, tous les animaux d'une même agglomération ont une enveloppe commune, un manteau qui les entoure et les protége tous, de façon que leur vie est beaucoup plus solidaire et que chacun des individus est comme plongé dans un sac commun, et a ses organes baignés dans un liquide nourricier qui sert à tous à la fois. Les Cristatelles, *Cristatella*, les Plumatelles, *Plumatella*, Lamk, et d'autres Bryozoaires d'eau douce nous montrent des exemples de cette disposition qui est de beaucoup la moins fréquente.

C'est dans l'intérieur de cette enveloppe cutanée, dans les mailles de sa substance même que se déposent les matières de natures diverses qui donnent et conservent aux cellules les formes variées qu'elles affectent en raison des espèces auxquelles elles appartiennent. Ce fait important a été mis en lumière de la manière la plus manifeste par les belles recherches de M. Milne-Edwards sur les Escharres. Ce savant eut l'heureuse pensée de soumettre un fragment de testier à l'action de l'acide nitrique étendue d'eau. Immédiatement les molécules calcaires furent détruites et les cellules devenues flexibles purent être facilement séparées. L'examen devenait donc possible et le microscope lui fit voir que la membrane tégumentaire se continuait sans interruption avec la gaîne tentaculaire (1).

Tout en admettant cette opinion d'une manière générale, MM. Dumortier et Van Beneden, dans leurs remarquables mémoires sur l'histoire naturelle des polypes composés d'eau douce, énoncent une théorie nouvelle sur le système cutané du genre Paludicelle. Ces auteurs considèrent bien la peau de l'animal comme formant une enveloppe générale, mais suivant eux, la partie cornée de la cellule ne serait pas autre chose qu'une modification de l'épiderme qui, par les progrès de l'âge, s'épaissirait, deviendrait corné et toujours pergamentacé dans les espèces de ce genre (2).

On doit donc rejeter cette vieille opinion professée par tous les naturalistes, à l'exception de Trembley, dont les travaux sont antérieurs à ceux que je viens de citer, que le test des Bryozoaires n'est autre chose, comme celui des mollusques, qu'une exsudation de matière calcaire, se moulant sur la surface de la membrane qui le produit, sans faire absolument partie de l'animal. Nous devons, au contraire, considérer chaque cellule comme une partie intégrante du petit être, participant de sa vie d'une manière active et subissant un travail d'assimilation moléculaire analogue à celui qui se produit dans les os des vertébrés.

Dans le troisième mémoire de Trembley se trouve un passage relatif au polype à panaches ainsi conçu : « J'ai dit ci-« dessus que le corps des polypes était une production de la

(1) Milne-Edwards, *loc. cit.*, chap. II, p. 26.

(2) Dumortier et Van Beneden, *Histoire naturelle des polypes composés d'eau douce ou des bryozoaires fluviatiles*, p. 41, Bruxelles 1850.

« cellule dans laquelle il se retirent, afin qu'on ne crût pas « qu'elles sont leur ouvrage, comme les fourreaux des teignes « sont l'ouvrage des teignes. Les cellules doivent être regar- « dées comme une partie du corps des polypes, elles croissent « avec lui, et sont composées de la même matière, au moins « celles des polypes à panaches que j'ai observés (1). » On voit par ce passage qu'il avait constaté le fait de la vie réelle dans l'enveloppe d'un Bryozoaire.

Les substances dont s'imprègne le manteau des Bryozoaires sont généralement calcaires, et c'est à cette heureuse circonstance que nous devons la conservation des restes de ces petits êtres dans les couches du globe. Tout le monde sait combien ces débris s'y trouvent abondamment et de quelle importance est leur étude pour la géologie. Toutefois un assez grand nombre d'entre eux offre des téguments cornés; les Bryozoaires d'eau douce sont presque tous dans ce cas, et, parmi ceux qui habitent la mer, on trouve cette texture chez les Cellaires de Lamarck et dans les genres voisins. D'autres, mais moins nombreux, ont des téguments charnus et transparents, comme on peut le constater chez le polype à panaches de Trembley que M. Dumortier a étudié si complètement et dont il a fait le type du genre Lophopus.

Quelle que soit la nature de la substance qui recouvre ou soutient le manteau des Bryozoaires, que ce dernier renferme plusieurs individus ou soit propre à un seul, ces petits êtres vivent toujours en colonie et réunis les uns aux autres d'une manière immédiate, de telle sorte qu'on ne rencontre jamais un animal isolé quand il est né depuis quelque temps. Lorsque j'aborderai l'étude de la génération, nous trouverons la raison de ce fait, et en même temps celle de la diversité de forme que présentent les conglomérats formés par les diverses espèces qui appartiennent à cette classe.

Jusqu'à ces derniers temps, et encore quelquefois aujour-

(1) Trembley, *loc. cit.*, p. 217.

d'hui, les naturalistes ont donné et donnent à ces conglomérats le nom de polypier. Il résulte bien évidemment de ce que j'ai dit que ce nom est on ne peut plus vicieux et ne saurait à l'avenir être conservé par la logique la plus ordinaire. En effet, ce mot de polypier implique nécessairement l'idée de polype et l'on voit combien nos molluscoïdes ressemblent peu à ces zoophytes. Ici je suis heureux d'avoir à constater une réforme faite par un savant dont l'amitié a toujours été si secourable pour moi dans mes études. En effet, c'est à Jules Haime qu'on doit le terme de *testier*, si heureusement trouvé pour désigner la réunion des loges de Bryozoaires, et il a appelé *testule*, chacune de ces dernières. Dans un mémoire présenté à la Société philomathique le 27 mars 1852, mémoire inséré dans le bulletin de cette société, Haime a créé ces dénominations destinées à éviter dans le langage à venir cette confusion qui y avait régné si longtemps, et qui, ainsi qu'il le dit, *avait sans nul doute contribué à entretenir l'erreur sur la nature de ces êtres* (1).

Si maintenant nous recherchons les diverses formes qu'affectent les testules, on remarquera tout d'abord, indépendamment de leur texture plus ou moins solide, deux formes bien tranchées. Chez certains, chaque testule isolée affecte la forme tubuleuse, est fermée en arrière, et son orifice antérieur ou peristome est toujours plus ou moins circulaire, et parfois, mais très-rarement, muni de plusieurs dents inégales comme Haime l'a constaté chez le *Stomatopora dichotoma* (2). Ce caractère qui semble peu important au premier abord n'en est pas moins remarquable à cause de l'analogie qu'on peut lui trouver avec celui fourni par les cloisons du péristome des *Aulopora* qui sont de véritables Coralliaires. Chez les Bryozoaires à testules tubuleuses on ne trouve jamais trace d'opercule.

L'autre type principal qu'on rencontre dans les loges des

(1) Société philomathique de Paris, extraits des procès-verbaux des séances, p. 31, 1852.

(2) Jules Haime, *Bryozoaires jurassiques*, p. 161.

animaux de cette classe est le type cellulaire, et c'est dans ce groupe que la nature a le plus varié la forme et la disposition des testules. En effet, nous voyons ces dernières tantôt parfaitement dessinées à la surface du testier, tantôt, au contraire, leur présence n'est signalée que par leur orifice. Dans le premier cas nous les trouvons souvent encadrées de la manière la plus élégante, et parfois limitées seulement par des lignes à peine sensibles. L'encadrement est le plus souvent solide, d'une texture soit calcaire, soit cornée. Le centre, chez un grand nombre d'espèces, est de même nature que l'encadrement, tandis que chez d'autres il est d'une structure moins solide, soit cornée, soit membraneuse. Cette dernière disposition a pour les espèces fossiles le grave inconvénient de ne plus présenter que des restes incomplets et d'une étude souvent très-difficile. Les testules sont ou renflées ou déprimées, mais toujours un peu plus longues que larges, de sorte que leur aspect est plus ou moins ovalaire avec des contours arrondis dans beaucoup de cas. Cependant on voit de nombreuses espèces chez lesquelles les testules ont la forme d'un lozange à angles plus ou moins arrondis, ou d'un polygone à six pans.

Le péristome des animaux qui composent cette section de la classe des Bryozoaires est souvent muni d'un repli de la peau consolidé en partie et propre à fermer son ouverture. Cet opercule reste flexible inférieurement, dans le point ou il se continue avec la testule, de manière à conserver une sorte de charnière, et des muscles spéciaux le relèvent sur le péristome de manière à clore parfaitement la petite loge lorsque son habitant veut se mettre à l'abri. Si on considérait la testule d'un Bryozoaire comme analogue à la coquille d'un mollusque, on devrait regarder ceux qui sont munis d'un opercule, comme des *molluscoïdes subbivalves*. Dans d'autres genres chez lesquels le péristome n'est point muni d'un opercule, cet orifice devient presque linéaire et l'animal saillit au travers comme d'une boutonnière. Cette disposition ne peut évidemment se rencontrer que chez eux dont la structure n'est pas absolument calcaire.

Quelque importantes que soient les modifications qu'on vient de constater dans la forme des testules, et quelque utiles qu'elles soient pour l'étude zoologique des Bryozoaires fossiles, il faut cependant reconnaître qu'elles n'apportent pas de bien profondes modifications dans l'organisme de ces petits êtres, et que, si elles ont une grande valeur pour la zooclassie, elles en ont beaucoup moins pour le physiologiste.

M. Milne-Edwards, que j'ai déjà nommé plusieurs fois et dont le nom se représentera souvent encore dans le cours de ce travail, est le premier qui ait remarqué ces deux dispositions, et il indique dans ses excellents mémoires tout le parti que les naturalistes peuvent en tirer.

Indépendamment des testules proprement dites, munies d'un orifice distinct, on rencontre encore dans le testier des Bryozoaires, et mélangées avec les autres, des cellules chez lesquelles on n'aperçoit aucune ouverture extérieure. M. Edwards considère ces loges anomales comme des individus dont le développement aurait été ralenti ou arrêté. Cette opinion paraît fort admissible quand on voit ces dernières occuper leur place régulière dans le développement du testier, et fournir leurs bourgeons comme celles dont l'animal saillit au dehors. Et d'ailleurs par les progrès de l'assimilation et de l'âge, on remarque que les parois des testules s'épaississent de plus en plus et que les ouvertures dont elles sont munies finissent même par disparaître entièrement, sans que leurs habitants, devenus prisonniers, cessent d'exister pour cela (1). Il y a là, ce me semble, un fait qui autorise bien à admettre que des jeunes peuvent vivre et multiplier par bourgeons alors même que leur péristome ne s'est point ouvert. Enfin on trouve une troisième sorte de vésicules plus grosses que ne le sont les testules de l'espèce à laquelle elles appartiennent,

(1) Milne-Edwards, *loc. cit.*, p. 25 et 26.

qui se développent irrégulièrement, dont le sommet s'ouvre quelquefois, et que les auteurs désignent sous le nom de vésicules ovariennes. Sans rejeter absolument cette appellation, je n'ai vu nulle part que l'observation directe soit venue la justifier.

J'ai dit que les testules des Bryozoaires étaient parfois munies d'un encadrement plus ou moins net; parfois aussi elles sont armées de pointes ou de dents qui atteignent quelquefois des dimensions assez grandes, comme on peut le constater dans les figures, données par Moll, de l'espèce qu'il décrit sous le nom d'*Eschare pileuse*, dénomination spécifique justifiée par la longueur et la nature de certains des appendices du peristome (1). Chez d'autres espèces ces derniers s'allongent beaucoup moins et affectent une forme conique. L'usage de ces parties de la testule ne paraît pas être encore bien connu.

Dans les Eschares dont l'ouverture est munie d'un opercule, on remarque souvent, pendant le jeune âge surtout, au-dessous de cette partie protectrice, une sorte d'échancrure recouverte d'une membrane dans laquelle les molécules calcaires ne doivent se déposer que plus tard, et M. Edwards pense qu'il y a là pour l'animal un moyen de se mettre en contact avec le liquide ambiant, et peut-être de respirer (2).

Les téguments des Bryozoaires ne sont pas seulement munis de l'ouverture dont j'ai parlé et qu'on désigne sous le nom de péristome. On trouve souvent encore à leur surface des pores plus ou moins grands et plus ou moins nombreux dont l'usage est inconnu. Ces pores varient énormément quant à leur position et à leur nombre. Les testules sont, en outre, parfois munies d'orifices plus grands que ne le sont des pores proprement dits. Leur nombre est toujours moindre que celui de ces derniers. Certains auteurs, MM. de Blainville, Dujardin et

(1) Moll, *Eschara ex zoophytorum seu phytozoorum ordine pulcherrimum ac notatu dignissimum genus*, pl. 1 et 2, fig. V et VI. Vienne 1803.

(2) Milne-Edwards, *loc. cit.*, p. 29.

tout récemment encore M. A. d'Orbigny ont cru qu'ils étaient destinés à livrer passage à l'extrémité postérieure du tube digestif, ou du moins ils ont désigné certains d'entre eux sous le nom d'*ouverture anale.* J'ai en vain cherché parmi les auteurs qui se sont occupés de l'anatomie de nos molluscoïdes sans trouver rien qui pût justifier ce nom, et tous ceux que j'ai pu consulter nous apprennent que l'anus est toujours voisin de la bouche, et que c'est par le péristome que l'un et l'autre communiquent avec l'extérieur.

Si l'usage de ces orifices accessoires est encore un problème pour les physiologistes, leur présence et leur disposition n'en sont pas moins d'excellents caractères pour le zoologiste qui souvent ne peut étudier que la dépouille des animaux et qui, à l'aide de son microscope, trouve là de très bons documents pour distinguer les espèces et parfois même les différents genres.

Les Bryozoaires vivent toujours en réunions plus ou moins nombreuses, et forment, comme nous l'avons déjà vu, des conglomérats dont le volume est quelquefois très-grand. C'est à ces conglomérats que Jules Haime a appppliqué le nom de *testier.* Rien n'est plus varié que la disposition des testules entre elles et par suite rien n'est plus varié que la forme des testiers. Les plus simples de tous sont ceux que forment les testules disposées en rangées simples, et dont la première ne porte qu'une seule autre cellule jusqu'au moment où deux testules naissant au lieu d'une, le testier se divise en ramifications. C'est chez les Bryozoaires tubuleux surtout que se trouvent des exemples de cette disposition; cependant le genre *Hippothoa*, qui a des testules celluleuses, la présente aussi. Quelquefois les testules marchent sur deux lignes et montrent leurs péristomes tantôt à un même niveau, tantôt à des niveaux différents et alternes. D'autres fois encore le nombre en est beaucoup plus considérable et les loges collées les unes avec les autres présentent des surfaces étendues, aplaties, ou se groupent circulairement de manière à former des branches dont la coupe est plus ou moins arrondie. D'autres se disposent circulairement sur une substance calcaire qui empâte leur base de manière à former des séries linéaires rayonnantes. Enfin certaines testules s'empilent les unes sur les autres, presque sans ordre apparent et forment des masses encroûtantes souvent fort épaisses.

Certains testiers, fixés seulement par leur base, sont libres au-dessus et arborescents, tandis que d'autres sont accolés dans toute leur étendue sur des corps marins, des pierres, des coquilles, des coralliaires, et des fucus.

Il est facile de se rendre compte de la diversité que doivent nécessairement présenter les testiers des Bryozoaires d'après ce qu'on vient de voir de celle que présentent la structure et la forme des testules, et de la variété qu'on remarque dans leur agencement entre elles. Vouloir décrire toutes les modifications que leur examen présente serait faire l'histoire de tous les genres et presque de toutes les espèces qui appartiennent à cette classe, ce qui dépasserait la limite de mes forces ainsi que celles que je me suis tracées lorsque j'ai entrepris cette étude. Dailleurs, lorsque j'en serai à la génération et que j'examinerai les règles qui président au bourgeonnement, on retrouvera encore quelques indications sur la structure des testiers.

En terminant ce qui est relatif aux téguments et aux appendices de ces téguments, il me reste à dire quelques mots de ces organes très-singuliers qu'on rencontre dans quelques espèces de cette classe, et dont l'usage est encore inconnu. Chez l'espèce décrite par Oken sous le nom de *Bugula avicularia* (1), on remarque à la partie latérale de presque toutes les testules, un appendice retenu à ces dernières par un pédoncule très-court et rétréci. Les divers auteurs qui l'ont décrit lui ont trouvé une certaine analogie dans la forme avec un bec d'oiseau. Jules Haime qui a étudié l'animal à Mahon a

(1) Oken, *Diens Lerhbuch der zoologie*, t. 2, p. 90 n° 2. — Iéna 1815

exécuté des dessins très-soignés de cet organe. Il ressemble, avec une structure compliquée en dessous, à ces capuchons munis de baleine et attachés au camail dont les ecclésiastiques se servent dans certaines cérémonies religieuses. Pendant la vie de l'animal il exécute constamment un mouvement de bascule (1). Chez d'autres Bryozoaires, la *Cellularia neritina* de Pallas (2) par exemple, les cellules sont munies de vésicules presque globuleuses, ayant un peu la forme d'un casque militaire; elles sont placées sur le bord d'un péristome qu'elles semblent fermer entièrement. Ellis, dans son histoire des Corallines, considère ces corps vésiculaires comme de petites coquilles produites par un animal testacé; aussi, dans la figure qu'il en donne, les représente-t-il sous une forme de nérite assez exacte (3). La manière de voir de Lamouroux semble beaucoup plus admissible, quand ils pense que ce sont des ovaires renfermant les germes de nouveaux individus. Il les a toujours vus remplis de petits corps globuleux quands ils étaient entiers, et vides lorsqu'ils portaient une fente transversale (4). Il me semble sage toutefois d'attendre encore de nouvelles observations pour se faire une opinion à ce sujet.

(1) Ces dessins ainsi que plusieurs autres m'avaient été généreusement abandonnés par Jules Haime de son vivant. Ils n'ont point encore été publiés, mais si je suis assez heureux pour compléter par mes observations personnelles les notes qui les accompagnent, je me ferai un devoir de les faire reproduire par la lithographie.

(2) Pallas, *loc. cit.*, p. 67 n° 35.

(3) Ellis, *Essai sur l'histoire naturelle des Corallines*, p. 49 et suivantes; pl. XIX, fig. a. La Haye 1756. « Si on prend, dit cet auteur, la peine d'examiner « ces petits limaçons, on ne pourra pas douter qu'ils ne soient des animaux « parfaits, et que cette belle coralline branchue ne soit principalement desti- « née à servir de logement à ces petites créatures. J'avoue qu'il est difficile de « concevoir de quelle manière elles perpétuent leur espèce. » Il se livre, sur ce sujet, à de nombreux commentaires que je crois inutile de reproduire ici.

(4) Lamouroux, *Histoire des polypiers coralligènes flexibles*, p. 133 et 134. Caen 1816.

## APPAREIL DIGESTIF.

Les Bryozoaires ont un appareil digestif assez compliqué, ainsi que je l'ai déjà dit. Cet appareil se compose d'un tube à deux orifices, et parfois d'organes accessoires peu nombreux. Trembley le premier a constaté chez le polype à panaches l'existence d'un œsophage, d'un estomac et d'un *petit sac* qu'il considère avec raison comme un intestin droit, *rectum* (1). Depuis lui, **MM.** Edwards, Grant, Raspail, Gervais, Van Beneden et Dumortier ont retrouvé, chez tous les Bryozoaires qu'ils ont étudiés, un tube digestif pour le moins aussi complet que celui décrit par leur prédécesseur. Le premier nous apprend que, dans l'Escharre Cervicorne, la partie antérieure de ce tube est renflée et beaucoup plus large que le reste; c'est donc une véritable cavité buccale; à la suite de cette cavité, le tube se rétrécit notablement pour former un œsophage qui vient s'ouvrir dans une sorte de jabot. Ce jabot communique avec un autre renflement que l'on peut considérer comme l'estomac duquel part un intestin assez volumineux qui se recourbe rapidement pour se diriger en remontant vers la partie supérieure de la cellule où il se termine par une ouverture anale distincte, à la face supérieure de la gaîne tentaculaire (2).

Nous avons là le type du tube digestif d'un Bryozoaire, et, dans toute la série des animaux de cette classe, on retrouve la même disposition avec des modifications peu importantes. Les Paludicelles de Gervais, les Frédéricelles du même auteur, et beaucoup d'autres encore manquent de jabot; d'autres ont entre l'estomac et le rectum une partie rétrécie de l'intestin que l'on peut considérer comme un intestin grêle; mais là se

(1) Trembley, *loc. cit.*, p. 212 et 213.

(2) Milne-Edwards, *loc. cit.*, p. 19 et 20.

trouvent les principales modifications observées dans la division du conduit alimentaire.

Souvent des sphincters séparent les diverses cavités que je viens de signaler; ainsi, entre la cavité buccale et l'œsophage, MM. Dumortier et Van Beneden en ont constaté chez les Frédéricelles; ils en ont vu aussi entre l'œsophage et l'estomac dans les mêmes animaux, et ils ont rendu ce fait admirablement perceptible à tous, dans les belles figures qu'ils ont données de l'anatomie des Bryozoaires fluviatiles (1). Ils ont de plus signalé la présence d'un bourrelet qui sépare l'estomac de l'intestin, organe tout à fait analogue au pylore des animaux supérieurs.

La bouche varie aussi, parfois elle affecte la forme d'une fente ou boutonnière, comme chez les Frédéricelles, d'autres fois elle est munie de prolongements labiaux comme dans les Paludicelles, Alcyonelles, Lophopus et autres. D'autres fois encore elle est garnie d'une sorte de renflement qu'on peut considérer comme une lèvre circulaire, le genre Laguncula nous offre un exemple de cette disposition (2).

Un fait fort remarquable chez ces animaux, c'est que l'on trouve presque tous les organes dont je viens de parler munis intérieurement de cils vibratiles, doués d'un mouvement presque continu, et qui mettent les molécules alimentaires dans un état d'agitation incessante. Ainsi la cavité buccale, l'œsophage et l'estomac en sont presque constamment pourvus. Jules Haime a pu, pendant son voyage aux Iles Baléares, constater leur présence dans le rectum de la *Bugula Avicularia* d'Oken; il a vu les féces tourner avec rapidité dans la cavité qui les contenait, et ce, jusqu'à ce qu'elles fussent rejetées au dehors. Indépendamment du mouvement occasionné par les cils vibratiles, les aliments sont encore comprimés et dirigés

(1) Dumortier et Van Beneden, *loc. cit.*, p. 61, pl. III, fig. 5.

(2) Van Beneden, *Recherches sur l'organisation et le développement du genre Laguncula*, p. 6.

par des contractions péristaltiques destinées à faciliter l'accomplissement de l'acte de la digestion.

On sait avec quelle persistance la présence du foie se retrouve dans le règne animal, que ce soit sous forme de glande ou d'appendices biliaires. Les Bryozoaires suivent la règle générale, et, si souvent la présence d'organes secréteurs de la bile n'a pu être établie d'une manière péremptoire, il y a néanmoins un assez grand nombre de faits d'observation qui permettent d'adopter cette opinion. Seulement on retrouve ici une application de la loi d'économie de moyens mise en lumière par M. Edwards dans son précieux travail sur les tendances de la nature (1). On va voir, en effet, que c'est presque toujours dans l'intérieur même des membranes qui forment le tube digestif que se produit la bile, sans que cette fonction se localise d'une manière absolue.

MM. Dumortier et Van Beneden ont remarqué dans l'intérieur de l'estomac de la *Paludicella Ehrenbergii*, dont les parois sont assez épaisses, que sa surface interne paraît couverte de petites éminences qu'ils regardent comme des cécums biliaires, et ce d'autant plus que ces éminences sont toujours colorées en jaune ou quelquefois en rouge amaranthe (2). Chez la *Fredericella Sultana*, les mêmes auteurs ont observé que les parois internes de l'estomac sont plus ou moins jaunes, et ont aperçu plusieurs bandes de cette couleur qui s'étendent dans toute sa longueur. Ils sont disposés à considérer ces bandes comme des dépressions longitudinales, *et par suite comme un commencement de glande biliaire*. Ils ont vu une disposition analogue dans l'estomac de l'Alcyonelle fluviatile (3). Chez le *Lophopus* ils ont trouvé l'estomac très épais et d'une couleur bilieuse, et ils ont en outre fait cette remarque que les aliments, incolores à leur entrée dans le tube digestif, en étaient

(1) Milne-Edwards, *Introduction à la zoologie générale*, ch. II.

(2) Dumortier et Van Beneden, *loc. cit.*, p. 43.

(3) Dumortier et Van Beneden, *loc. cit.*, p. 61 et 74.

expulsés avec une couleur de bile très prononcée (1). Tels sont les principaux faits publiés sur la sécrétion de la bile chez les Bryozoaires; et bien qu'ils établissent une grande probabilité en faveur de l'existence de cette fonction chez ces petits êtres, le doute semblerait encore permis, si Jules Haime, dans l'étude qu'il a faite de la *Bugula Avicularia*, n'avait observé que l'estomac de cet animal est comme empâté d'une matière granuleuse de couleur jaune verdâtre, dont l'aspect est tout à fait celui d'une substance hépatique, ainsi qu'il est facile de le constater dans le dessin fait par lui à la chambre claire, et qu'il m'a généreusement abandonné (2).

En résumé, je crois que la sécrétion de la bile peut être considérée comme existant chez les Bryozoaires. Il me paraît d'autant plus facile de croire que les parois stomacales remplissent cette fonction, que nous voyons, dans les mollusques acéphalés, le foie entourer complétement le tube digestif dans presque toute sa longueur, et que c'est au centre de sa substance même que nous devons rechercher ce dernier.

Ainsi que leurs dimensions le donnent à penser, la nourriture de ces petits animaux se compose d'infusoires et de parcelles organisées. La digestion s'en opère très-rapidement, et les aliments sont, pendant sa durée, dans un état de mouvement incessant, jusqu'au moment où, par une contraction rapide du rectum, ils sont lancés à travers l'ouverture anale après avoir abandonné les parties nécessaires à la nutrition du Bryozoaire.

Enfin, comme organes accessoires de la digestion, je citera les tentacules qui servent à la préhension des aliments et que j'étudierai avec détails lorsque je parlerai de la respiration.

(1) Dumortier et Van Beneden, *loc. cit.*, p. 104.

(2) Voir la note 1 de la page 17.

## APPAREIL RESPIRATOIRE.

### TENTACULES.

La respiration des Bryozoaires a été étudiée avec soin par MM. Dumortier et Van Beneden qui ont attribué cette fonction aux tentacules dont ces animaux sont constamment pourvus, et ils ont même proposé de changer le nom de ces derniers en celui de *branchiules* (1). Tout en admettant avec eux que ces organes jouent un rôle très actif dans la fonction respiratoire, je ne crois pas que leur utilité se borne là, ni que par suite on doive adopter cette dénomination. L'étude organogénésique des Bryozoaires leur a montré que les tentacules ne se formaient que par l'extension de la cavité sanguine. En effet, le liquide nourricier (je n'ose dire le sang), est renfermé dans une large cavité limitée par la peau externe et par le tube digestif, et c'est cette cavité qui se prolonge avec ses téguments autour de la bouche où elle forme les canaux isolés contenus dans l'intérieur de ce qu'ils nomment les branchiules. Un autre de leurs arguments est tiré de leur position qui leur permet de faire saillie au dehors de la testule. Enfin ils font remarquer que les cils vibratiles, par leur présence sur chacun des tentacules, imprimant un mouvement continu au liquide ambiant, le renouvellent constamment et le rendent plus propre à la respiration. M. Dujardin admet la manière de voir des savants belges (2).

Il me semble toutefois que, bien qu'en considérant les tentacules comme plus spécialement chargés de la fonction respiratoire, attendu que souvent ces appendices se rétractent et se renferment, par suite de circonstances extérieures, dans la

(1) *Loc. cit.*, p. 46.
(2) *Dictionnaire universel d'histoire naturelle*, publié sous la direction de M. Ch. d'Orbigny, article *Polype* par M. Dujardin, t. 10, p. 414.

testule parfois munie d'un opercule bien ajusté, on pourrait admettre que la respiration s'effectue aussi, à un degré moindre bien entendu, par la surface de la membrane cutanée. Ce fait me semble d'autant moins improbable que l'on a vu les testules calcaires montrer souvent une texture perforée, et qu'en se rappelant la belle expérience de M. Edwards, dans laquelle il a détruit toute la substance animale d'une testule en la faisant chauffer avec une dissolution de potasse caustique, on voit qu'il a retrouvé la matière calcaire très-peu compacte et présentant un grand nombre d'interstices (1). Et encore, on sait que la vie continue même après l'occlusion complète du péristome, et si la vie a lieu, la respiration existe nécessairement de même que l'absorption des particules nutritives. Dans ce dernier cas, et dans celui où l'opercule s'applique sur l'orifice qu'il doit clore, les tentacules sont renfermés dans la testule et peuvent encore remplir leur fonction respiratoire, mais leur surface se trouve réduite de beaucoup, et ils ne sont en contact qu'avec un volume d'eau très minime ne pouvant leur parvenir qu'à travers les pores de l'opercule et ceux de la testule doublée de la gaîne tentaculaire. Il me paraît donc plus que probable qu'indépendamment de la respiration par les tentacules, les Bryozoaires ont encore à un degré assez élevé une respiration cutanée.

La respiration constatée, il me reste à parler des tentacules et de leurs diverses modifications.

Ce sont des appendices allongés, étroits, creux et couverts de cils vibratiles, se continuant avec un prolongement de la peau générale dans lequel ils sont renfermés lorsque l'animal se retire dans sa loge, prolongement que les naturalistes nomment gaîne tentaculaire. La bouche se trouve toujours à la base et au centre des tentacules. Leur nombre varie extrêmement : M. Edwards en a compté huit chez le *Tubulipore Verruqueux*, seize chez l'*Escharre Cervicorne ;* MM. Dumortier et

(1) *Loc. cit.*, p. 26.

Van Beneden en ont trouvé vingt chez les *Frédéricelles*, quarante-deux et quarante-six chez l'*Alcyonelle Fluviatile* et soixante environ chez le *Lophopus*.

L'existence des çils vibratiles sur leur surface est complètement hors de doute aujourdhui et a été dans plusieurs espèces constatée par l'observation directe. M. Edwards et M. Grant, les premiers, avaient remarqué que, lorsque les tentacules sont étendus, on aperçoit sur leurs bords une rangée de petites perles d'eau semblant rouler sur elles-mêmes à la suite les unes des autres, depuis la base jusqu'à la pointe, et de la pointe à la base, en montant d'un côté et en descendant de l'autre. M. Edwards n'a pas hésité à attribuer cet effet à l'action des cils vibratiles lorsqu'il s'est rappelé ce qui se passe chez un grand nombre d'infusoires.

Deux auteurs ont discuté cette opinion. L'un, M. Dumortier, qui a fait tant et de si bonnes observations sur les Bryozoaires d'eau douce, se demanda si ces petits chapelets sont dus à la réfrangibilité des globules de liquide subissant une oxygénation. Il trouve une analogie très-grande entre ce phénomène et celui de la décomposition de l'eau par la pile Voltaïque, et il considère les tissus respiratoires des tentacules comme ayant sur l'eau un pouvoir analogue (1).

L'autre naturaliste, qui n'admet pas l'existence des cils vibratiles, est bien connu dans la science par son savoir et aussi par des théories qui lui sont et lui restent souvent personnelles. M. Raspail, dans un mémoire, saillant du reste, sur l'Alcyonelle fluviatile repousse formellement la manière de voir de M. Edwards par cette seule raison qu'il n'a pas vu ces cils (2). Cette raison est d'autant moins acceptable que tout le monde sait combien, dans les études microscopiques, il échappe des détails à un observateur qu'un autre plus heureux a pu parfaitement voir et apprécier.

(1) Dumortier, *Loc. cit.*, p. 106.

(2) Raspail, *Histoire naturelle de l'alcyonelle fluviatile*. — *Mémoires de la société d'histoire naturelle de Paris*, t. 4, p. 131 et 132.

Les tentacules sont susceptibles de mouvements de contraction peu étendus; ils s'allongent et se raccourcissent, mais dans des limites fort étroites. Cependant ils sont sensiblement plus longs lorsque l'animal les épanouit que lorsqu'il les retire dans la gaîne tentaculaire. En outre, pendant l'épanouissement ils se recourbent légèrement en dehors, de manière à évaser l'ouverture supérieure de l'entonnoir qu'ils forment.

Dans un certain nombre d'espèces, la Frédéricelle, l'Alcyonelle et probablement d'autres encore, la base de ces appendices est réunie par une membrane très-mince et très-déliée dont la surface est couverte de cils vibratiles, formant une sorte de palmure entre les tentacules, et destinée par son évasement et le mouvement de ses cils à amener jusqu'à l'orifice buccal les substances nécessaires à la nutrition du petit animal.

On a déjà vu que le nombre des tentacules varie dans les diverses espèces. Leur disposition nous offre deux types principaux dont M. Paul Gervais a tiré un excellent parti dans sa classification des Bryozoaires d'eau douce. En effet, dans la grande généralité des cas, ces appendices sont disposés régulièrement autour de la bouche et y forment une couronne rayonnante. C'est le fait de presque toutes les espèces marines et de deux genres fluviatiles; je dis de presque toutes les espèces marines, parce que M. Van Beneden a reconnu dans son genre Laguncula une tendance vers l'autre organisation (1).

Dans les genres Plumatelle, Lophopus, Cristatelle, et Alcyonelle, les tentacules montrent un tout autre arrangement. Ils ne naissent plus immédiatement de la gaîne tentaculaire, comme cela a lieu dans les autres genres. Cette dernière se prolonge en deux sortes de supports garnis chacun de deux rangées de tentacules ayant tous à peu près le même calibre et ne différant guère que dans leur longueur. Les plus longs se trouvent généralement en dessous, ou au devant de la

(1) Van Beneden, *loc. cit.*, p. 9,

bouche, tandis que les plus courts se trouvent du côté opposé, dans l'espèce d'anse formée par les supports, anse à laquelle les observateurs ont trouvé quelque analogie avec la forme d'un fer à cheval.

On conçoit aisément que c'est dans cette section que se rencontre le plus grand nombre de tentacules puisque ces derniers n'ont plus à entourer seulement l'orifice buccal, mais bien à garnir tout le pourtour de leurs supports. Aussi est-ce chez le Lophopus que M. Dumortier en a compté soixante, chez la Cristatelle que Turpin a estimé que chacun des bras en portait jusqu'à cinquante, nombre que M. Gervais a réduit à trente, d'accord en cela avec Roësel.

## LIQUIDE NOURRICIER.

On vient de voir que la fonction respiratoire s'exerce chez les Bryozoaires avec une certaine activité. En examinant maintenant le liquide qu'elle est destinée à oxygéner, nous trouverons l'appareil circulatoire tellement simplifié qu'on peut le considérer comme presque nul. Mais avant de m'occuper des mouvements auxquels il est soumis, je dois rechercher tout d'abord quel est ce liquide *nourricier* et par suite plus ou moins analogue au sang proprement dit.

Les divers auteurs qui se sont occupés des polypes et par suite des Bryozoaires ont émis des opinions très-diverses sur la présence du liquide nourricier chez ces animaux. Ainsi, M. Nordmann a vu dans le genre Paludicelle une circulation analogue à celle des Chara; Carus, au contraire, d'après MM. Dumortier et Van Beneden, aurait considéré le liquide en mouvement comme n'étant pas autre chose que de l'eau claire; tandis que Cavolini penserait que ces petits êtres possèdent un sang véritable et une circulation semblable à celle des animaux supérieurs (1). C'est encore aux deux savants membres de l'Académie des sciences de Bruxelles que revient l'honneur d'avoir fixé l'opinion sur cette importante question.

Entre la membrane tégumentaire d'un ou plusieurs individus et le tube digestif, il existe toujours, chez les Bryozoaires une cavité relativement grande, se continuant avec celle des tentacules, et constamment remplie par un liquide incolore dans lequel on remarque des globules plus ou moins volumineux qui y restent dans un état de suspension. M. Dumortier a, en vain, essayé de colorer ce liquide en faisant avaler au Lophopus de l'encre de Chine dont il est fort avide. Il a vu les cavités digestives se gorger de matière noire, sans que jamais un atome coloré soit parvenu à s'introduire dans la cavité péri-intestinale (2). M. Van Beneden a obtenu le même résultat en soumettant des Laguncula à une dissolution de carmin (3). Ainsi cette eau interne n'est donc pas absolument semblable à celle dans laquelle l'animal est plongé et elle ne parvient à la place qu'elle occupe qu'après avoir été en quelque sorte filtrée à travers les tissus organiques et avoir subi une certaine élaboration.

Doit-on en conclure que ce soit un véritable sang ? Peut-être serait-ce exagérer son rôle, et il me semble beaucoup plus rationnel de le considérer seulement comme un liquide formé presque de toutes pièces par l'eau qui l'entoure et dont l'organisme aurait éliminé les particules qui lui seraient nuisibles. Il a évidemment pour fonction de tenir en suspension les molécules assimilables, et de les porter dans toutes les parties du corps où leur présence est nécessaire. Cette manière de l'envisager n'a rien qui doive surprendre, quand on se rappelle que chez des animaux bien supérieurs en organisation, des mollusques gastéropodes et notamment l'*Aplysie*, les veines

(1) Dumortier et Van Beneden, *loc. cit.*, p. 78 et 79.

(2) Dumortier, *loc. cit.*, p. 107.

(3) Van Beneden, *loc. cit.*, p. 10.

caves communiquent avec la cavité abdominale, et y puisent, au gré de l'animal, l'eau dont elle est toujours remplie, avec laquelle le sang se mêle et augmente son volume sans en être moins apte à remplir ses fonctions.

L'examen le plus attentif n'a pu faire découvrir, dans le liquide de la cavité des Bryozoaires, autre chose que des sortes de globules dont les dimensions varient extrêmement et qui sont toujours en assez petit nombre. Souvent, ainsi qu'on le verra plus tard, on trouve des spermatozoaires et des œufs nageant dans ce liquide.

Quant au mouvement auquel il est soumis, il n'a rien de régulier et est assez peu étendu. Les cils vibratiles sont encore dans ce cas les seuls moteurs, et ils ne lui impriment que des mouvements irréguliers, parfois oscillatoires, parfois aussi circulaires dans certaines de ses parties. La présence du mouvement est rendue facile à constater par les globules dont le liquide est chargé et que l'œil armé du microscope peut suivre dans leurs directions. M. Van Beneden a constaté que jamais ces derniers ne pénètrent dans l'intérieur des tentacules, mais il les a vus s'introduire dans les supports tentaculaires chez l'Alcyonelle Fluviatile, et probablement il en est de même pour toutes les espèces dont les tentacules sont disposés en fer à cheval.

Nous voyons encore ici, pour mettre le liquide nourricier en mouvement, des cils vibratiles garnissant une grande partie de la surface interne de la peau en même temps que l'extérieur du tube digestif, et ce fait me semble remarquable que nous les trouvons toujours chez les Bryozoaires là où il y a une fonction à remplir. En effet, nous les avons vus tapisser le tube digestif et jouer un rôle dans la digestion, ils couvrent les tentacules et facilitent l'acte respiratoire; enfin ils sont chargés du transport des molécules assimilables.

Rien n'est donc plus simple que l'appareil circulatoire des Bryozoaires. Pour organes moteurs des cils vibratiles, point de vaisseaux qui lui soient propres, et pour liquide nourricier, une eau plus ou moins élaborée à peine chargée de globules incolores.

## SYSTÈME MUSCULAIRE.

Par suite de leur fixation à des corps divers, les Bryozoaires sont nécessairement privés de tout déplacement et les mouvements qu'ils exécutent se réduisent presque à la sortie et à la rentrée de leurs tentacules à l'extérieur ou à l'intérieur de la testule. Il en résulte qu'ils ne montrent d'autre appareil musculaire que celui qui sert à cet usage, si ce n'est quelques fibres destinées aux mouvements propres des tentacules. Chez tous ceux qu'on a étudiés jusqu'à ce jour, on a vu cet appareil assez développé et doué d'une certaine puissance. Les muscles qui le constituent sont composés de fibres isolées dans presque toute leur longueur, rangées côte à côte sans se réunir, et présentant une surface lisse paraissant striée en travers pendant la contraction.

C'est encore dans les mémoires du judicieux Trembley que la présence des fibres musculaires des Bryozoaires se trouve constatée pour la première fois. « Il a vu, dit-il, lorsque les « polypes à panaches étaient bien en dehors de la cellule, un « fil qui tenait d'un côté à l'extrémité inférieure de l'estomac, « et de l'autre au fond de la cellule; il en a vu d'autres encore « qui lui ont paru s'attacher par une extrémité près de la base « du panache, et par l'autre aussi au fond de la cellule. Il est « apparent, ajoute-il, que ces fils servent à retirer le polype « dans la cellule (1). »

Il était difficile de mieux voir et de mieux décrire les muscles rétracteurs du Lophopus, surtout quand on se souvient de l'état d'imperfection dans lequel étaient les microscopes du vivant de Trembley. Il ne pouvait évidemment guère voir plus, et il a bien jugé ce qu'il a vu.

(1) Trembley, *loc. cit.*, p. 216.

M. Paul Gervais, dans la belle étude qu'il a faite de la Cristatelle, a reconnu les muscles rétracteurs du support des tentacules, et il déclare que ces muscles sont composés de fibres verticales et assez faciles à reconnaître. Il reproche à Roësel et à Trembley de ne les avoir pas vus (1).

Peu après la publication du mémoire du savant professeur de Montpellier, M. Milne-Edwards, en étudiant l'Escharre Cervicorne, a reconnu la présence de deux faisceaux de fibres fixés d'une part à la gaîne tentaculaire, et d'autre part aux parois latérales de la cellule. Il propose de nommer ces faisceaux *muscles rétracteurs de la gaine tentaculaire*, à cause de leur usage qui consiste évidemment à faire rentrer la partie antérieure de l'animal dans sa testule. Il a vu aussi deux faisceaux musculaires s'insérant à la face interne de l'opercule par l'intermédiaire de deux filaments analogues à deux tendons et fixés par leur extrémité inférieure très-élargie aux parois supérieures de la cellule. Il appelle ces derniers *muscles abaisseurs de l'opercule* (2) (3).

D'après les observations précédentes, on peut facilement juger que la principale action musculaire dont les Bryozoaires sont doués a pour but de les faire rentrer dans leur cellule. En effet, lorsqu'on examine ces petits animaux, et que la moindre cause extérieure vient à les inquiéter, ils se retirent brusquement dans leur testule avec une grande rapidité,

(1) P. Gervais, *Recherches sur les polypes d'eau douce des genres Plumatella, Cristatella et Paludicella.* — *Annales des sciences naturelles*, 2e série, t. 7, p. 86.

(2) Milne-Edwards, *loc. cit.*, p. 20.

(3) Dans l'espèce qu'il décrit sous le nom de Myriozoos, Donati a vu les deux abaisseurs de l'opercule, seulement il les fait s'insérer postérieurement à ce qu'il appelle la trompe de l'animal : « Cette trompe, dit-il, a la figure d'un verre à boire, et probablement l'animal s'en sert pour prendre sa nourriture. A sa partie inférieure elle a deux petits muscles (pl. VIII, fig. 6, aa.) attachés au couvercle. Lorsque l'animal veut se cacher, la trompe rentre en elle-même, le polype s'accourcit; en s'accourcissant il tire le petit couvercle, et il ferme parfaitement la cellule. » V. Donati, *Histoire naturelle de la mer Adriatique*, traduit de l'italien, p. 53, La Haye 1758.

tandis qu'ils n'en sortent que très-lentement, ce qu'explique très-bien la beaucoup moins grande puissance de l'appareil musculaire extenseur, appareil découvert et décrit par MM. Dumortier et Van Beneden.

Ces derniers ont vu chez la Paludicelle, indépendamment des grands muscles rétracteurs de la gaîne tentaculaire, un autre muscle, de dimensions beaucoup moins grandes, qui prend une de ses insertions à l'un des bords du péristome et l'autre du côté opposé aux parois de la testule. Ce muscle est le *petit rétracteur* et sert à fermer complètement l'ouverture de la testule. Le tube digestif **a**, lui aussi, son rétracteur fixé d'une part à la base de l'estomac et d'autre part vers le fond de la loge; c'est le *rétracteur de l'estomac* dont la présence avait été déjà signalée par Trembley.

Les extenseurs de la couronne tentaculaire, ou *extenseurs antérieurs*, comme les nomment ces auteurs, sont des petits muscles partant de la gaîne tentaculaire pour se diriger obliquement ou horizontalement vers les parois du testier.

On remarque dans l'intérieur de la testule, et à des intervalles peu espacés, des cordons musculaires tendus plus ou moins horizontalement d'une paroi à l'autre. Ce sont les *extenseurs communs*. Ils ont pour fonction de diminuer la capacité de la chambre testulaire et de forcer, par la compression qui en résulte, le tube digestif à se porter en avant et à faire saillir par le péristome l'appareil tentaculaire ainsi que sa gaîne (1). On comprend facilement que leur action médiate est nécessairement beaucoup moins puissante que celle des rétracteurs qni agissent immédiatement (2).

(1) Ces muscles ont été vus et décrits, dès l'année 1837, par M. Arth. Farre chez la Bowesbankia Densa, et il s'est même étendu longuement sur leurs fonctions probables. — *Observations on the minute structure of some of the higher forms of Polypi, with views of a more natural arrangement of the class*, By Arthur Farre, p. 396 et 397. *Philosophical transactions of the Royal society of London*, 1837.

(2) Dumortier et Van Beneden, *loc. cit.*, p. 48 et 49.

Dans leur beau mémoire sur l'Alcyonelle, les savants belges nous apprennent que chez cet animal les longs rétracteurs se réunissent à la base des tentacules pour former deux faisceaux en fer à cheval, se dirigeant chacun dans un des bras dont ils suivent toute la longueur, en donnant un filet musculaire distinct à chacun des tentacules. Ils fournissent aussi un cordon musculaire à la languette labiale (1).

Grâce à ces travaux on connait aussi bien que possible, je crois, le système musculaire des Bryozoaires en général, et un observateur pourra toujours facilement reconnaître dans l'individu qu'il étudiera le système de muscles qu'il aura sous les yeux.

M. Dujardin, avec cette habileté d'observation qui le caractérise, a eu le bonheur de voir, sur les parois postérieures de certaines cellules operculées, des impressions musculaires produites par l'insertion des muscles abaisseurs de l'opercule. Si difficile que ce caractère soit à retrouver, il n'en est pas moins intéressant, d'autant plus que l'autorité du professeur à la faculté des sciences de Rennes ne permet pas de douter de son existence (2).

## SYSTÈME NERVEUX.

Les Bryozoaires ont été pendant bien longtemps considérés par tous les naturalistes comme dépourvus de centres nerveux, et ce n'est qu'en l'année 1835 que M. Dumortier a communiqué à l'Académie de Bruxelles son importante découverte des ganglions nerveux chez les Lophopus. Depuis lors, ce savant et son collaborateur M. Van Beneden ont reconnu leur existence dans d'autres genres, et M Nordmann, dans la partie zoologique du voyage de M. Demidoff, les a décrits chez la Tendra Zostericola et chez la Plumatelle.

On peut donc, dés a présent, malgré la difficulté qu'offre sa

(1) Dumortier et Van Beneden, *loc. cit.*, p. 86 et 87.

(2) Dujardin, *loc. cit*, p. 405.

recherche, admettre d'une manière définitive la présence d'un système nerveux ganglionnaire chez les molluscoïdes Bryozoaires.

Ainsi que je viens de le dire, c'est chez le Lophopus que M. Dumortier a rencontré pour la première fois les ganglions nerveux. Cet auteur nous apprend que, malgré la transparence de l'animal, l'observation de ces petits corps est très délicate, et ne peut être faite qu'en mettant le sujet dans une position donnée. Toutefois il a pu reconnaître que ce système nerveux consiste en deux petits ganglions sus-œsophagiens situés à la base d'un des deux bras, dans une cavité particulière. Ils font saillie au-dessus de l'œsophage et présentent un aspect incolore et nacré qui les distingue parfaitement des téguments et organes qui les entourent. L'habile observateur a aussi aperçu dans l'intérieur du petit être des filets particuliers qu'il est disposé à considérer comme des filets nerveux (1).

MM. Dumortier et Van Beneden ont vu chez l'Alcyonnelle un système nerveux plus compliqué encore. En effet ils ont distingué les deux ganglions analogues à ceux du Lophopus, mais réunis supérieurement l'un à l'autre par une commissure assez large. Ils ont même cru apercevoir une autre commissure passant autour de la cavité buccale et formant un anneau œsophagien complet. Ce n'est cependant qu'avec doute qu'ils énoncent ce dernier fait. Ils ont aussi établi que chacun des muscles longs rétracteurs recevait un filet nerveux provenant des ganglions ; qu'un autre filet nerveux se dirigeait en avant vers la languette, et enfin qu'un dernier filet partant de la partie postérieure se rendait à l'œsophage (2).

Si les savants belges ne se sont pas trompés relativement à la commissure inférieure, l'Alcyonelle présenterait un système nerveux, non pas analogue, mais bien identique à celui des mollusques acéphales. Il y a là, me semble-t-il, un fait bien important et bien digne d'appeler de nouvelles observations.

(1) Dumortier, *loc. cit.*, p. 109 et 110.
(2) Dumortier et Van Beneden, *loc. cit.*, p. 85.

On doit aux mêmes auteurs l'indication de ganglions nerveux chez la Fredericella Sultana, et à M. Van Beneden seul la même découverte dans les espèces de son genre Laguncula.

M. Nordmann a vu, chez les animaux qu'il a étudiés avec tant de soin et dont il a formé le genre *Tendra*, un ganglion semi-lunaire situé aux environs de la bouche et qu'il considère commme le ganglion sus-œsophagien. Il a encore remarqué trois autres petits corps placés au-dessous des tentacules, autour de la bouche et de l'œsophage et dont les fonctions lui paraissent douteuses. Il ne sait s'il doit les considérer comme des organes nerveux ou comme des glandes chargées de quelque sécrétion (1). Ses observations sur la Plumatelle lui ont donné un résultat analogue; il a reconnu un ganglion sus-œsophagien réniforme et quelques petits corps glandiformes qu'il paraît assez disposé à regarder comme des glandes salivaires (2).

## GÉNÉRATION.

Lorsqu'on étudie les moyens de reproduction des Bryozoaires, on constate aisément cette loi que la nature s'est faite de veiller d'autant plus à la conservation d'une espèce que celle des individus est plus précaire. En effet, ces petits êtres, ceux surtout dont le testier n'est pas pierreux, sont soumis à un grand nombre de causes de destruction, en raison de leur structure délicate et des enveloppes qui la protégent. Aussi leur rareté n'eût pas été moins grande que ne l'est leur abondance, sans l'extrême facilité qui leur est accordée pour se reproduire.

Il y a chez eux deux modes de reproduction complètement dissemblables. L'un, le bourgeonnement, a pour but de multiplier le nombre des individus constituant un seul et même conglomérat; quant à l'autre mode, il sert à augmenter le

(1) Nordmann, *Voyage dans la Russie méridionale*, par M. Demidoff, *Zoologie*, p. 670.

(2) Nordmann, *loc. cit.*, p. 720.

nombre de ces sortes de colonies et à les disséminer sur des corps et dans des localités diverses; il s'effectue par des œufs fécondés analogues à ceux qu'on rencontre dans la plupart des autres classes du règne animal.

Je ne reviendrai pas longuement sur le bourgeonnement; lorsque j'ai parlé de la structure du testier, j'ai décrit les divers points de la testule qui donnaient naissance à un ou à plusieurs bourgeons, lesquels, par les progrès du développement, devenaient eux-mêmes de véritables animaux, et, en suivant une marche presque invariable dans une même espèce, arrivaient à constituer ces masses parfois si volumineuses et de formes si différentes. Il ne me reste donc plus qu'à examiner comment se forment les bourgeons et par quelles phases ils doivent passer pour arriver à l'état d'animaux complets, parfaitement semblables à ceux dont ils proviennent, et en état d'en produire d'autres à leur tour.

Dans un point donné de la testule, presque toujours dans sa moitié antérieure, une petite portion de l'enveloppe testulaire se relève en forme de bourgeon arrondi; c'est là le début, et dès lors on peut considérer ce dernier comme une jeune loge destinée à devenir bientôt semblable aux autres. Il est bien entendu que chez les espèces dont les cellules ne sont réunies les unes aux autres que par une sorte de cordon sur lequel elles s'insèrent par leur base, c'est sur ce cordon même que le développement a lieu. On ne rencontre du reste que très rarement cette disposition. Ce bourgeon est creux et sa surface interne est garnie de globules dont l'accumulation formera le petit être. Bientôt il se développe en hauteur et la peau s'épaissit de côté pour donner naissance au tube intestinal. L'épaisseur augmente assez rapidement, et, par suite d'un travail intérieur, on voit apparaître les rudiments des principaux organes. Je ne suivrai pas M. Van Beneden, à qui j'emprunte ces quelques détails, dans tous les progrès qu'il a pu saisir. Il me semble suffisant de montrer que dans le bourgeonnement il n'y a aucune analogie avec l'accroissement d'un germe ordinaire, que rien ne ressemble aux vésicules de Wagner ou de Purkinje, et qu'on peut presque considérer ce mode de développement comme une végétation. Je ne veux cependant pas arriver à l'histoire de la génération ovipare sans dire que tous les organes de la vie de nutrition se développent complètement dans le bourgeon avant que l'on aperçoive ceux de la génération, tels que les spermatophores et les ovisacs.

L'existence de ces derniers organes a été mise hors de doute chez plusieurs espèces de Bryozoaires par les belles recherches de divers microtomistes. C'est toujours dans la cavité péri-intestinale, et généralement appendus à la partie inférieure du tube digestif, qu'ils se trouvent placés.

Dans le nombre des espèces étudiées jusqu'à ce jour, nombre encore assez restreint, on a trouvé les deux sexes presque toujours réunis chez le même individu. Parfois cependant, ainsi que le fait semble avoir été bien constaté par M. Nordmann, les sexes sont séparés et appartiennent à des individus différents. C'est en examinant les animaux de son genre Tendra, que le savant d'Odessa a vu à la base des tentacules, sur le côté de la gaîne tentaculaire, huit appendices plus courts et plus minces que les tentacules proprement dits. Il pense pouvoir considérer ces organes comme ayant quelques rapports avec la génération, parce qu'il ne les a jamais rencontrés dans les testules ovifères. « Il ne les regarde cependant « pas comme de véritables testicules, par la raison que les « zoospermes ne prennent point naissance dans ces organes, « mais dans des vésicules qui se développent périodiquement « comme chez *les polypes d'eau douce* (1).

Quelque soit le rôle de ces appendices singuliers, qu'ils servent ou non d'une manière plus ou moins directe à la génération, il n'en est pas moins constant que certaines testules ne contiennent que des spermatozoïdes, tandis que, d'autres ne renferment au contraire que des œufs, et qu'ainsi l'hermaphrodisme n'existe pas dans la Tendra Zostericola.

(1) Nordmann, *loc. cit.*, p. 667.

Ainsi que je viens de le dire, la base de l'estomac est la place où l'on a presque toujours rencontré les organes sexuels. Chez les Laguncula, c'est là qu'est situé le testicule, mais M. Van Beneden a vu chez ces mêmes animaux, que l'ovaire, ou mieux l'ovisac, était situé sur la face interne du manteau, vers le tiers antérieur. Les Frédéricelles ont montré l'ovisac situé à la base de l'estomac; chez les Alcyonelles, MM. Dumortier et Van Beneden ont cru reconnaître les organes mâles et femelles réunis et situés à la même place. Ils pensent que, dans cette même espèce, il y a des individus mâles, des individus femelles, et enfin des hermaphrodites. Doit-on considérer leur opinion comme fondée, ou bien voir là une erreur explicable par la difficulté de l'observation ou par une anomalie de quelques-uns des animaux étudiés?

Il me reste maintenant à examiner quelle est la structure des spermatophores et des ovisacs, ainsi que leurs produits. Dans les espèces où ces organes ont été observés avec soin, on a vu les premiers commencer par une cellule au milieu de laquelle il s'en développait d'autres rapidement; dans cet état, le testicule ressemblait beaucoup à un ovaire; mais bientôt, dans les cellules secondaires se forment d'autres cellules arrondies et contenant un nucule au centre. Ces dernières s'allongent en appendice d'un côté et deviennent de véritables spermatozoïdes, et ces dérivés de l'organisme prennent la forme ordinaire et sont munis de ce que l'on appelle généralement le corps et la queue. Leur nombre est souvent très-considérable, et lorsqu'ils sont sortis de leurs cellules, ils nagent librement dans la cavité intestinale, et se mettent facilement en rapport avec les germes qu'ils doivent féconder.

Quant à l'ovaire, qui se trouve placé tantôt à la base de l'estomac, tantôt sur le côté de la cavité intérieure, sa forme, son aspect et son volume varient suivant qu'il est plus ou moins développé, et en raison directe de l'âge plus ou moins avancé des œufs qu'il contient. Quelle que soit sa position, on le remarque d'abord sous la forme d'un tubercule qui s'accroît peu à peu, et dans l'intérieur duquel des œufs se forment et grossissent non simultanément, jusqu'au moment où ils s'échappent de la membrane qui les retient captifs.

Les Bryozoaires marins, en raison même du milieu dans lequels ils habitent, n'ont guère à redouter pour leurs œufs les causes de destruction résultant de la température et de certaines autres circonstances extérieures; aussi n'a-t-on trouvé chez eux qu'une seule sorte d'œufs munis d'enveloppes minces et plus ou moins molles. Il n'en est pas de même des Bryozoaires fluviatiles que la gelée, la sécheresse et la décomposition du support sur lequel ils se fixent détruisent si souvent, et bientôt leurs espèces disparaitraient complètement sans la précaution prise par la nature de leur donner deux sortes d'œufs, dont l'une, destinée à la reproduction immédiate, n'est munie que d'enveloppes fragiles, tandis que l'autre, protégée par une coque cornée, peut supporter le froid et la sécheresse, même très-prolongée, sans perdre pour cela ses facultés génératives qui se mettent en œuvre dès que les circonstances deviennent favorables.

Les premiers œufs étudiés d'une manière un peu complète l'ont été par Turpin, à qui M. le professeur Paul Gervais les avait communiqués. Il en a donné plusieurs figures*, et en les examinant on se rend facilement compte de l'incertitude dans laquelle il était sur leur nature avant l'éclosion des Cristatelles qu'ils contenaient. Leur forme est orbiculaire, déprimée et ils présentent une surface mamelonnée et légèrement incrustée de substance calcaire; un cercle extérieur plus transparent entoure un disque central de couleur brune. Du pourtour rayonnent environ seize épines de longueur variable, tubuleuses, jaunes et terminées le plus souvent par deux crochets en forme d'hameçon, ou d'autres fois par trois ou quatre des mêmes crochets en forme de grapin. La tige de cette sorte d'épine présente encore à sa surface un grand nombre de petits poils courts et âpres, dirigés de haut en bas, et dans son intérieur on aperçoit comme dans certains poils animaux des parties plus opaques coupées par des parties plus transparentes (1).

Après avoir décrit la structure d'un tel œuf, l'académicien se demande quelle peut-être la malheureuse mère condamnée à contenir et surtout à pondre des œufs aussi horriblement hérissés de crochets. M. Laurent, plus heureux que son devancier, a pu voir ces œufs dans le corps même de leurs mères et il a constaté que, même après leur expulsion, ils étaient enveloppés d'une couche albumineuse très-transparente, recouverte d'une membrane très-fine et diaphane, ce qui leur permet d'être pondus très facilement. Il redresse aussi l'erreur commise par Turpin d'abord et reproduite depuis par MM. Gervais et Van Beneden relativement aux épines terminées par des crochets, que ces auteurs attribuent à chacune des deux valves de l'œuf, tandis qu'elles n'appartiennent en réalité qu'à la valve la plus convexe. Enfin il nous apprend que certains petits corps que Turpin avait vu rejeter par ses Cristatelles et qu'il avait pris pour des œufs d'une autre nature, ne sont pas autre chose que les féces de l'animal (2).

MM. Dumortier et Van Beneden ont étudié de la manière la plus habile et la plus étendue les œufs de l'Alcyonelle fluviatile, et ils ont constaté d'une manière bien nette les deux sortes d'œufs dont j'ai parlé et que j'ai attribuées, sinon à tous, du moins à certains Bryozoaires fluviatiles. Ils ont distingué, dans l'ovaire d'abord, puis détachés de ce dernier, des œufs libres dans l'intérieur du sac viscéral. Ils ont vu la membrane externe de ces œufs se durcir, se colorer insensiblement et prendre vers ses bords un aspect brunâtre augmentant d'intensité en même temps que son volume augmentait.

(1) Turpin, *Étude microscopique de la cristatella mucedo, espèce de polype d'eau douce*. — *Annales des sciences naturelles*, 2e série, t. VII, p. 65 et 66.

(2) Société philomathique de Paris. — Extraits des procès-verbaux des séances, p. 35 et 36, 1852.

Ils ont reconnu que ces œufs, en procédant de dedans en dehors, étaient composés :

1° D'une macule de Wagner ;

2° D'une vésicule de Purkinje, grande relativement au volume de l'œuf;

3° D'un vitellus très-peu volumineux;

4° D'une membrane vitelline;

5° Et du chorion.

Les œufs ne se détachent pas de la testule et restent, depuis l'automne où ils se forment jusqu'au printemps suivant, dans l'intérieur du testier qui les abrite et les protège, tandis que les animaux qui l'habitent sont presque toujours détruits par les intempéries. Lorsque les œufs à coque cornée éclosent, ainsi que cela avait été déjà constaté dans la Cristatelle par Turpin et M. Gervais, ils s'ouvrent en deux valves qui restent toujours fixées à la base du testier. J'ai souvent été à même de constater ce fait en étudiant les *Plumatella Campanulata* et *Repens* de nos mares, espèces que je suis, soit dit en passant, fort disposé à considérer comme des variétés d'âge et de conditions seulement; je crois avoir vu tous les passages de l'une à l'autre.

Les savants belges ont en outre vu dans l'Alcyonelle des œufs mobiles qu'ils considèrent comme des embryons nus. Ces petits embryons sont couverts de cils vibratiles et nagent avec une grande rapidité. Ils en ont suivi le développement et ont acquis la certitude qu'ils étaient bien un mode de reproduction de l'espèce dans laquelle ils les avaient rencontrés (1).

Cette sorte d'œufs avait d'ailleurs été déjà signalée par Meyen dans les Plumatelles et par M. Dumortier dans le Lophopus.

Chez les Bryozoaires marins on n'a encore rencontré qu'une sorte d'œufs, et encore les observations sur ce sujet sont elles peu nombreuses. Les œufs étudiés et décrits jusqu'à ce jour n'ont présenté qu'une coque molle, de texture membraneuse,

(1) Dumortier et Van Beneden, *loc. cit*, p. 88 et suivantes.

dépourvue de réseau, d'épines et de cils vibratiles, et montrant dans leur intérieur une composition analogue à celle qu'on a reconnue chez l'Alcyonelle Fluviatile.

Il me reste maintenant à dire comment et par où sortent les œufs de l'intérieur du sac dans lequel ils flottent. En vain les observateurs ont-ils cherché une ouverture à ce dernier par où ils pussent être expulsés au dehors. C'est encore à M. Van Beneden qu'on doit la solution de cette importante question. Il examinait un individu bien épanoui de *Laguncula*, et il voyait les œufs s'agglomérer dans l'intérieur à la base des tentacules. Enfin un œuf vint poindre au dehors. Il remarqua que la membrane vitelline faisait une sorte de hernie, et vit le vitellus couler lentement vers la poche extérieure; elle devint de plus en plus grande, et l'œuf se détacha de l'individu mère lorsque tout le vitellus eut passé au dehors (1). Depuis la publication de ce fait, M. Laurent a vu que les œufs de la Cristatelle étaient chassés de la cavité viscérale au moyen de contractions graduées, soit que le sac s'ouvrît par déhiscence ou se déchirât pour les faire sortir (2).

Avant de terminer ce qui est relatif à la génération des Bryozoaires, je dois parler d'un fait très-curieux et dont on doit la connaissance à MM. Dumortier et Van Beneden. Ces habiles microtomistes n'ont pu découvrir traces d'organes sexuels dans le genre Paludicella créé avec tant de raison par M. Gervais. En revanche, ils ont constaté que vers le commencement de l'hiver, aux mêmes endroits où se développent les bourgeons en été, se montraient des corps semblables à ces derniers, mais pourvus tout autour d'une membrane solide. C'est par ces corps qu'a lieu la reproduction hyber ale et ils leur ont donné le nom d'*hybernacles*. Ils sont toujours fortement comprimés, mais leurs contours et leur longueur varient beaucoup, quoiqu'ils soient toujours terminés en forme de tubercule arrondi. Leur couleur est d'un noir grisâtre

(1) Van Beneden, *loc. cit.*, p. 18.

(2) Laurent, *loc. cit.*, p. 36.

et ils ne renferment que des cellules semblables à celles du vitellus. Leur enveloppe s'ouvre au printemps en deux valves du milieu desquelles saillit le premier individu de la future colonie, comme cela a lieu pour les œufs à coque résistante (1).

En résumant les divers moyens mis en jeu par la nature pour la propagation et la conservation des espèces de Bryozoaires, on remarque qu'ils sont au nombre de quatre, savoir :

Le bourgeonnement ordinaire ;

Le bourgeonnement écailleux ou en hybernacles ;

Les œufs à coque cornée dans les Bryozoaires d'eau douce et à coque membraneuse dans ceux qui habitent la mer ;

Et enfin les œufs ciliés ou embryons nus des auteurs belges.

Je ne crois pas qu'aucune autre classe du règne animal ait, jusqu'à ce jour, montré des moyens plus nombreux et plus divers dans ses modes de reproduction.

## CLASSIFICATIONS.

Après avoir exposé les principaux traits de l'histoire anatomique des Bryozoaires, il me reste, pour remplir le cadre que je me suis tracé, à dire le parti que la zooclassie a su tirer des données fournies par l'observation, en un mot à résumer les diverses classifications tentées sur ces animaux.

Il est évident que ce résumé ne comprendra que les travaux qui ont suivi la séparation des Bryozoaires de la grande classe des Polypes dans laquelle ils ont été confondus pendant de si nombreuses années, et que je n'analyserai pas ceux qui ont précédé l'importante découverte de MM. Milne-Edwards et Grant.

En mars 1837, M. Paul Gervais a proposé, dans un mémoire lu à la Société philomathique de Paris, de diviser la classe des

(1) Dumortier et Van Beneden, *loc. cit.*, p. 50 et suivantes.

Bryozoaires en deux sous-classes. Dans la première il a réuni ceux de ces animaux qui présentent des tentacules nombreux, disposés autour de la bouche en fer à cheval, et non en entonnoir ; ce sont ses *polypes Hippocrépiens*. Il prend pour types de cette sous-classe les genres *Cristatella*, *Plumatella* et *Alcyonella*. Dans la seconde il renferme, sous le nom de *polypes Infundibuliformes*, tous ceux dont les tentacules sont disposés en entonnoir autour de la bouche ; c'est-à-dire tous les Bryozoaires marins, plus les Paludicelles et les Frédéricelles (1).

Là se borne le travail de classification de M. Gervais, mais il n'en est pas moins remarquable à cause de l'excellence de la coupe qu'il a faite qui est on ne peut plus naturelle; aussi la trouve-t-on conservée par les zoologistes qui ont suivi.

La même année et à la même société, mais deux mois plus tard, en mai, M. Milne-Edwards a présenté une classification des polypes en général, dans laquelle il a compris les Bryozoaires (2). Dans cette classification il divise les polypes en deux ordres : les *polypes Tuniciens* (bryozoaires) et les *polypes Parenchymateux* (sertulariens, zoanthaires et alcyoniens). Je n'ai à m'occuper ici que de la première de ces coupes qu'il divise en deux sections principales : 1° Celle des *Tuniciens Ciliés* dans laquelle il renferme les Vorticelles et quelques autres genres. — M. Dujardin considère ces derniers comme de véritables infusoires (3) ; 2° celle des *Tuniciens tentaculés* qui comprend les Bryozoaires proprement dits et qu'il divise en familles et sous-familles de la manière suivante :

(1) P. Gervais, *loc. cit.*, p. 77 et suivantes.

(2) Milne-Edwards. Société philomathique de Paris. — Extraits des procès-verbaux des séances, p. 83, 1837.

(3) Dujardin, *loc. cit.*, p. 400.

| | | | | Familles. | | Sous-Familles. |
|---|---|---|---|---|---|---|
| Tuniciens tentaculés. | Tentacules bilatéraux et symétriques | | | 1. **Plumatelliens** | | |
| | Tentacules disposés en entonnoir. Bord labial. | operculé. . | transversal | 2. **Eschariens.** testiers | lamelleux . . | Esch. **Lamelleux.** |
| | | | | | monilaires. . | Esch. **Monilaires.** |
| | | | | | phytoïdes . . | Esch. **Phytoïdes.** |
| | | | circulaire. | 3. **Myriaporiens** | | |
| | | non-operculé. Testules . . . | naissant les unes des autres. . . . . | 4. **Tubuliporiens** | | |
| | | | portées sur des pédicul. stolonifères. | 5. **Vésiculariens** testules. . . | en forme de bourse | Vés. **Urcéolés.** |
| | | | | | tubuleuses. . | Vés. **Tubulaires.** |

Ainsi qu'on le voit, les *Plumatelliens* de M. Milne-Edwards ne sont pas autre chose que les *Hippocrépiens* de M. Gervais, et l'on peut remarquer que toutes ses autres familles et sous-familles sont formées d'après des considérations fournies par l'étude du testier et de la testule ; mais on ne doit pas oublier que cette dernière est une partie intégrante du petit être et que les modifications qu'elle subit sont nécessairement l'expression de celles que présente l'animal lui-même.

M. Dujardin reproche à la classification de M. Edwards de n'être pas très-naturelle à cause de ce fait. Lorsque j'analyserai celle qu'il propose lui-même, on verra s'il a été plus heureux et si les caractères dont il s'est servi ont une beaucoup plus grande valeur zoologique.

Dix ans plus tard, M. Van Beneden, dans un travail d'analyse sur les Bryozoaires fluviatiles, donna une classification des genres de ces derniers qu'il résume ainsi (1) :

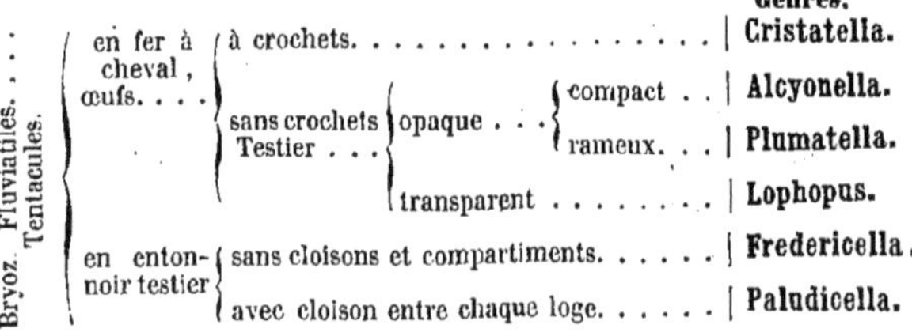

| | | | | | Genres. |
|---|---|---|---|---|---|
| Bryoz. Fluviatiles. . . Tentacules. | en fer à cheval, œufs. . . . | à crochets. . . . . . . . . . . . . . . . . . | | | **Cristatella.** |
| | | sans crochets Testier . . . | opaque . . . | compact . . | **Alcyonella.** |
| | | | | rameux. . . | **Plumatella.** |
| | | | transparent . . . . . . . . | | **Lophopus.** |
| | en entonnoir testier | sans cloisons et compartiments. . . . . . | | | **Fredericella.** |
| | | avec cloison entre chaque loge. . . . . . | | | **Paludicella.** |

(1) Van Beneden, *Recherches sur les bryozoaires fluviatiles de Belgique*, p. 5, Bruxelles 1847.

Il conserve la coupe établie par M. Gervais et il forme d'abord deux divisions au moyen de la disposition des tentacules ; quant aux autres caractères qu'il emploie, M. Dujardin leur adresserait sans doute le même reproche qu'à ceux dont s'est servi M. Milne-Edwards, c'est-à-dire d'être tirés de la forme extérieure.

Le savant professeur de l'Université de Louvain donne en outre, dans le même travail (1), et ce, avec cette justesse de vue qui le caractérise, un aperçu sur les groupes naturels que l'on rencontre dans les Bryozoaires. Après avoir conservé les Hippocrépiens en tête de la série, il fait rentrer les genres Fredericella et Paludicella dans deux des sept familles dans lesquelles il répartit les Bryozoaires marins.

Dans la première, il renferme les genres *Pedicellina*, *Forbesia et Lusia.*

Les genres *Laguncula*, *Vesicularia*, *Valkeria* et *Bowerbankia* forment la seconde, caractérisée par un testier membraneux et transparent.

Il prend le genre *Cellaria* comme type de la troisième, et il y réunit les *Flustres*, *Membranipores*, *Eschares*, *Rétépores*, *Cellepores*, etc., et la caractérise par la présence d'un opercule.

La quatrième famille a pour type le genre *Crisie* ou le genre *Tubulipore* et se reconnaît à son péristome terminal et sans opercule.

Il réunit dans la cinquième famille, les *Frédéricelles*, *Anguinaires* et *Tibianes* et prend pour type le genre *Anguinella*, dans lequel *le polype s'épanouit comme un doigt de gant sans opercule.*

Les *Paludicelles*, les *Hippothoa* et peut-être les *Caténipores* et les *Alecto* forment la sixième famille reconnaissable à ses tiges libres et cloisonnées, sans opercule au péristome.

Enfin il fait un groupe à part du genre *Halodactyle.*

Dans ce remarquable aperçu, on voit que plusieurs de ses

(1) Van Beneden, *loc. cit.*, p. 14 et 15.

familles ne sont autres que celles établies par M. Milne-Edwards, seulement il a augmenté le nombre des coupes d'une manière qui me parait heureuse. Ainsi sa seconde famille est identique à celle des Vésiculariens, la troisième correspond aux Eschariens et aux Myriaporiens, et la quatrième aux Tubulyporiens. Quant aux quatre autres, il les a créées en démembrant celles déjà établies.

La même année 1847 vit paraître la classification proposée par M. Dujardin (1). Il admet deux ordres de Bryozoaires, celui des *Hippocrépiens* et celui des infundibuliformes qu'il nomme *Cyathicères*. Il divise le second en deux sections en raison de la longueur des corps; l'une, celle des *Brachysomes* est caractérisée par un corps court, ovale ou oblong, l'autre, celle des *Leptosomes* a, au contraire, un corps très-long et effilé.

Dans l'ordre des *Cyathicères* il trouve dix familles dont les sept premières appartiennent aux Brachysomes et les trois autres aux Leptosomes. Il les place dans l'ordre suivant : les *Myriaporiens*, les *Eschariens*, ces deux dernières munies d'un opercule, les suivantes en sont dépourvues; les *Celléporiens*, les *Flustrées*, les *Cellariées*, les *Vésiculariens* et les *Unisériés*. Les trois familles constituant l'ordre des *Leptosomes* sont caractérisées par l'arrangement des testules entre elles; ce sont les *Péricladiens* qui les ont disposées tout autour des rameaux; les *Rétépores* qui les présentent d'un seul côté; enfin chez les *Stromapores* elles sont réunies en amas ou sur un plan.

On remarquera tout d'abord que M. Dujardin a conservé trois des familles établies par M. Milne-Edwards; ce sont les *Myriaporiens*, les *Eschariens* et les *Vésiculariens*; que des *Tubuliporiens* il a fait sa section des *Leptosomes* dans laquelle il forme trois familles en raison de l'agencement des testules entre elles. Quant à ses *Unisériés* on les retrouve dans les cinquième et sixième familles de M. Van Beneden. Enfin il extrait les *Celléporiens* et les *Flustrées* des *Myriaporiens* et des *Eschariens*, et les *Cellariées* des *Tubuliporiens*.

(1) Dujardin, *loc. cit.*, p. 406.

Il me semble que, dans ses divisions, cet auteur a employé des caractères plus qu'analogues à ceux dont ses prédécesseurs avaient fait usage. En effet, sauf les deux ordres établis par M. Gervais, ses coupes sont basées sur la longueur plus ou moins développée de la testule, sur la présence ou l'absence d'un opercule, et enfin sur la disposition des testules entre elles.

Telles sont les principales classifications proposées par les zoologistes; il me reste maintenant à en analyser une très-importante proposée par un paléontologiste dont le nom est universellement connu, par M. Alcide d'Orbigny, le professeur de géologie au Muséum (1).

Ce savant a fait un immense travail d'ensemble sur les Bryozoaires et propose une classification très-étendue dans laquelle il multiplie considérablement les familles. Dans sa méthode il laisse de côté les Hippocrépiens et divise les autres Bryozoaires en deux ordres, d'après des caractères tirés, non plus, comme l'avaient fait ses prédécesseurs, de la présence ou de l'absence d'un opercule, du plus ou moins d'allongement des testules, mais d'après la position relative de ces dernières entre elles. En effet, son premier ordre, qu'il nomme *Bryozoaires Cellulinés* est caractérisé par lui de la manière suivante « *cellules juxta-* « *posées, courtes et non capillaires, naissant les unes au bout ou* « *à côté des autres, sans montrer dans le groupement des cel-* « *lules dans les colonies, des germes de cellules au dedans des* « *cellules externes.* »

Son second ordre des *Bryozoaires Centrifuginés* lui a présenté pour caractères « *des cellules centrifuginées, très-longues,* « *capillaires, toujours obliques, naissant les unes au-dedans et* « *à la base des autres, représentant dans les colonies un canal* « *arqué du centre à la circonférence et de bas en haut, montrant* « *toujours en dedans des cellules complètes externes avec un* « *grand nombre de canaux germes des nouvelles cellules.* »

(1) Alc. d'Orbigny, *Paléontologie française, terrains crétacés*, t. 5, 1850-1851.

Je vais maintenant reproduire, dans les deux tableaux synoptiques suivants, les coupes qu'il a faites dans ces deux ordres et les caractères dont il s'est servi pour former les trente-deux familles qu'il a créées.

# ORDRE I. — BRYOZOAIRES CELLULINÉS.

| | | | | | | | | FAMILLES. |
|---|---|---|---|---|---|---|---|---|
| Bryoz. cellulinés. | radicellés | colonies non-articulées par segments | cellules dont les dernières de chaque branche contiennent seules un animal | | | | | **Acamarchisidæ.** |
| | | | cellules contenant toutes à la fois des animaux | ellules carrées, juxta-posées | | | | **Flustridæ.** |
| | | | | cellules en cornets obliques | | | | **Electrinidæ.** |
| | | colonies articulées par segments | cellules cornées placées d'un seul côté des rameaux | | | | | **Catenaridæ.** |
| | | | cellules testacées placées des deux côtés ou autour des rameaux | | | | | **Cellaridæ.** |
| | empatés | cellules à ouverture médiocre non-fermée par une membrane cornée | cellules entières ou simplement poreuses | sans pores spéciaux près de l'ouverture | | | | **Escharidæ.** |
| | | | | avec des pores spéciaux près de l'ouverture | un seul pore | en avant de l'ouverture | | **Escharinellidæ.** |
| | | | | | | en arrière ou sur les côtés de l'ouverture | | **Porinidæ.** |
| | | | | | deux pores au plus autour de l'ouverture | | | **Escharellinidæ.** |
| | | | cellules percées de fossettes spéciales | un seul étage aux cellules | sans pores spéciaux près de l'ouverture | | | **Escharellidæ.** |
| | | | | | avec pores spéciaux près de l'ouverture | un seul pore | en avant de l'ouverture | **Porellidæ.** |
| | | | | | | | en arrière de l'ouverture | **Porellinidæ.** |
| | | | | | | pl. pores en avant ou aux côtés de l'ouverture | | **Eschariporidæ.** |
| | | | | deux étages aux cellules | | | | **Steginoporidæ.** |
| | | cellules à large ouverture, fermée d'une membrane cornée | sans pores spéciaux près de l'ouverture | | | | | **Flustrellaridæ.** |
| | | | avec pores spéciaux près de l'ouverture | un seul pore en arrière de l'ouverture | | | | **Flustrellinidæ.** |
| | | | | deux pores | | | | **Flustrinidæ.** |

## ORDRE II. — BRYOZOAIRES CENTRIFUGINÉS.

FAMILLES.

- **Bryoz. centrifuginés.**
  - radicellés.
    - cellules cornées, groupées en série, portées par des pédoncules stolonifères. — **Serialaridæ.**
    - cellules testacées, groupées par segments, sans pédoncules stolonifères. — **Crisidæ.**
  - empâtés.
    - cellules operculées. — centrif. operculés.
      - cellules sans pores accessoires ni pores intermédiaires. — **Eleidæ.**
      - cellules avec pores accessoires ou intermédiaires. — **Myriozoumidæ.**
    - cellules non-operculées.
      - cellules fasciculées, réunies en faisceaux saillants — centrif. fasciculinés.
        - cellules sans pores accessoires ni intermédiaires. — **Fascigeridæ.**
        - cellules avec pores intermédiaires. — **Fasciporidæ.**
      - cellules isolées distinctes.
        - cellules tubulinées saillantes en tube. Centrif. tubulinés.
          - cellules sans pores speciaux ou intermédiaires.
            - sans cellules avortées intermédiaires.
              - cellules groupées par lignes transverses. — **Tubigeridæ.**
              - cellules éparses non-groupées. — **Sparsidæ.**
            - des cellules avortées intermédiaires fermées. — **Clausidæ.**
          - cellules avec pores opposés ou intermédiaires.
            - des cellules simples d'un côté, des pores opposés de l'autre. — **Crisinidæ.**
            - des pores opposés d'un côté, des pores intermédiaires entre les cellules. — **Caveidæ.**
        - cellules foraminées non-saillantes en tube. Centril. foraminés.
          - cellules sans pores spéciaux opposés intermédiaires.
            - ouverture des cellules évasée extérieurement. — **Ceidæ.**
            - ouverture des cellules non-évasée, simple. — **Cavidæ.**
          - cellules avec pores opposés ou intermédiaires.
            - cellules et pores opposés par groupes. — **Cytisidæ.**
            - cellules et pores intermédiaires, épars. — **Crescisidæ.**

On voit que M. d'Orbigny s'est bien peu servi des travaux de ses prédécesseurs et que les bases sur lesquelles il a fondé ses divisions sont artificielles au moins pour la plus grande partie. Quoiqu'il en soit, les géologues trouveront certainement là un secours très-efficace lorsqu'ils s'occuperont de la détermination des Bryozoaires si abondants dans tous les terrains fossilifères.

---

En exposant ici le résumé de mes études sur les Bryozaires j'ai eu en vue de donner, à ceux qui me liraient, une idée nette et complète de l'organisation de ces merveilleux petits êtres, et ce, sous la forme la plus réduite possible. Je sais que, sauf peut-être les quelques observations inédites de Jules Haime que j'ai produites ici, ce travail ne présente rien de neuf pour la science, mais mon but sera atteint, si je puis éviter à d'autres les recherches auxquelles j'ai dû me livrer pour le faire.



---

TOURS. — IMPRIMERIE LADEVÈZE.

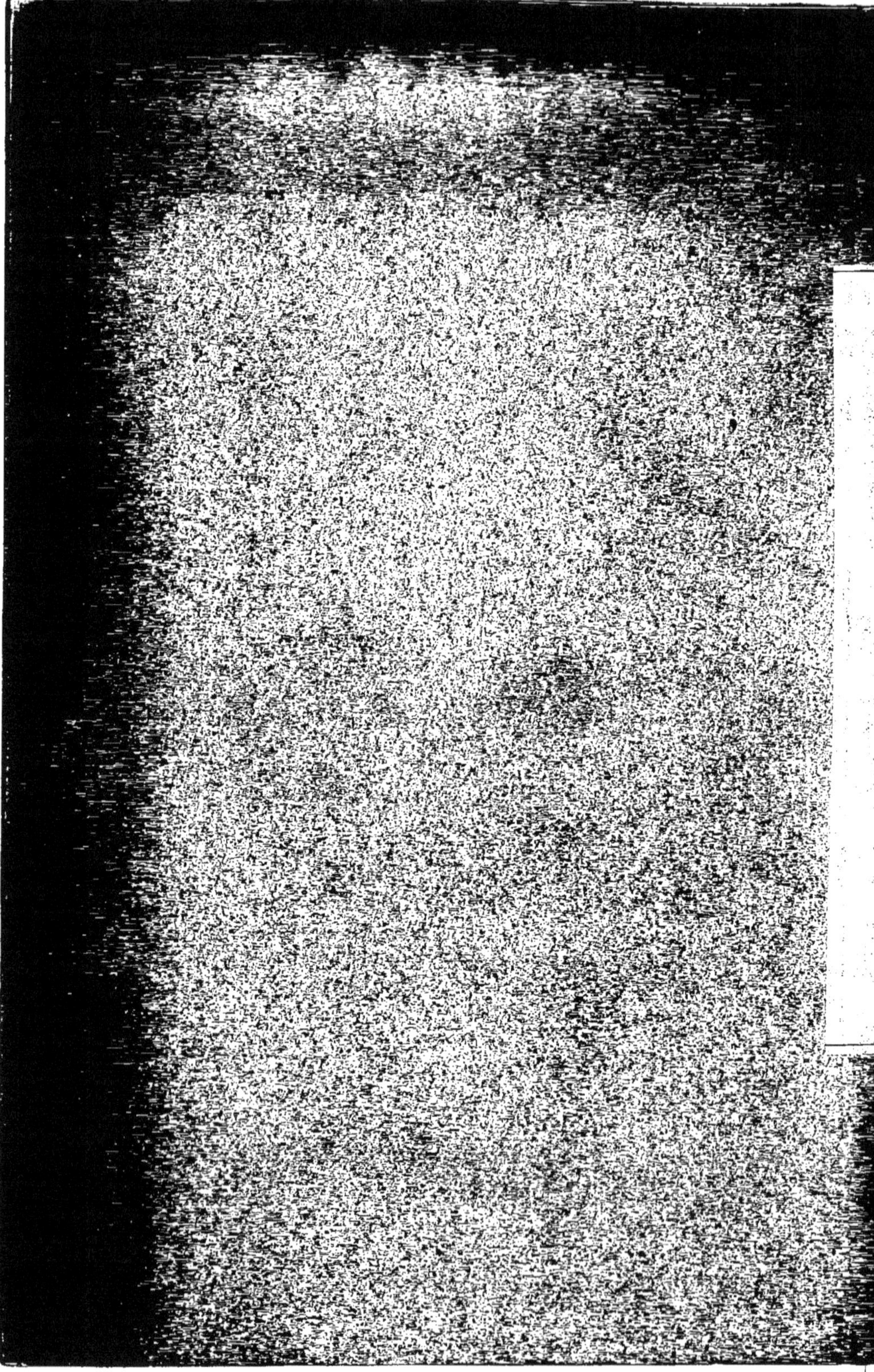

www.ingramcontent.com/pod-product-compliance
Ingram Content Group UK Ltd.
Pitfield, Milton Keynes, MK11 3LW, UK
UKHW021012200726
13857UKWH00004B/1413

9 782011 926555